CULTIVANDO LEITORES

LIVRO DA FAMÍLIA

A importância da família na formação do leitor

1ª edição

FTD EDUCAÇÃO

São Paulo – 2015

FTD EDUCAÇÃO

Todos os direitos reservados à
FTD Educação
Matriz: Rua Rui Barbosa, 156 – Bela Vista – São Paulo – SP
CEP 01326-010 – Tel. (0-XX-11) 3598-6000
Caixa Postal 65149 – CEP da Caixa Postal 01390-970
Internet: www.ftd.com.br
E-mail: projetos@ftd.com.br

O projeto **Cultivando Leitores** é uma iniciativa da FTD Educação que visa contribuir para a formação de leitores em nosso país.

Idealização e desenvolvimento

Diretora editorial
Ceciliany Alves

Diretor comercial e de *marketing*
Ricardo Tavares

Gerente editorial
Valéria de Freitas Pereira

Gerente de *marketing*
Gisele Cruz

Editora
Rosa Visconti Kono

Supervisora de *marketing*
Flavia Campanholli de Oliveira

Editores assistentes
Agueda del Pozo
Amanda Valentin
J. Augusto Nascimento
Luís Camargo

Colaboração na elaboração de textos
Flavia Muniz

Preparadora
Elvira Rocha

Revisora
Bruna Perrella Brito

Editora de arte
Andréia Crema

Projeto gráfico e capa
Sheila Moraes Ribeiro

Diagramadora
Alicia Sei

Editoração eletrônica
Paulo Minuzzo

Coordenador de iconografia
Expedito Arantes

Pesquisadora iconográfica
Danielle de Alcântara

Tratamento de imagens
Ana Isabela Pithan Maraschin

Diretor de operações e produção gráfica
Reginaldo Soares Damasceno

Créditos das imagens:
Foto da capa: Sergey Nivens/Shutterstock.com
Capas dos livros: Editora FTD
Ilustrações: p. 6, 12, 30, 31 e 33 de Simone Matias para *Adorada*; p. 8 e 16 de Ellen Pestili para *Cachinhos de Ouro*; p. 10, 11, 29 e 45 de Ellen Pestili para *Os músicos de Bremen*; p. 10 e 20 de Roberto Weigand para *João Bobo*; p. 13 e 32 de Galvão para *Tantos medos*; p. 14 e 35 de Carlos Fonseca para *Pantanáutilus*; p. 15, 18, 28 e 47 de Suppa para *O veado e a onça*; p. 20, 21 e 46 de Maria Eugênia para *Dona Baratinha*; p. 24 de Marilda Castanha para *Festa no céu*; p. 25 de Roberto Weigand para *João e o pé de feijão*; p. 26 de Gilles Eduard para *João e Maria*; p. 27 de Roberto Weigand para *O rato do campo e o rato da cidade*; p. 37 de Ricardo Dantas para *O elefante cabeludo*; p. 41 de Rogério Borges para *Estação Brasil*. Vinhetas p. 34 e 45 TeddyandMia/Shutterstock.com. Vinhetas p. 38 e 42 ARaspopova/Shutterstock.com.

Dados Internacionais de Catalogação na Publicação (CIP)
(Câmara Brasileira do Livro, SP, Brasil)

Livro da família : a importância da família na formação do leitor / [Equipe FTD Educação] . – 1. ed. – São Paulo : FTD, 2015.

Suplementado pelo manual do professor
ISBN 978-85-96-00085-7

1. Educação de crianças 2. Ensino fundamental 3. Família 4. Leitura 5. Livros e leitura 6. Pesquisa educacional I. Equipe FTD Educação.

15-07134 CDD-372.4

Índices para catálogo sistemático:
1. Formação de leitores : Ensino fundamental 372.4

Era uma vez... uma carta à família-leitora

Antonio Candido, reconhecido professor universitário e crítico literário brasileiro, afirmou, certa vez, que a literatura desenvolve em nós a quota de humanidade na medida em que nos torna mais compreensivos e abertos para a natureza, a sociedade, o semelhante. Por isso, é muito importante que a leitura esteja presente na vida da criança e do jovem, pois, quando inseridos no mundo da leitura desde pequenos, eles desenvolvem opinião crítica e raciocínio intelectual; são incentivados à prática da empatia, da identificação com o outro; projetam suas próprias opiniões e expandem, sobretudo, seus horizontes.

Desse modo, nós, da **FTD Educação**, preocupados em contribuir com a formação intelectual e emocional de nossos cidadãos, apresentamos um breve texto sobre a importância do acontecimento da leitura no âmbito familiar.

Contamos com você no acompanhamento desse importante processo: o de incentivo à leitura em casa.

Boa leitura!

Os editores

João Bobo
Ana Maria Machado
Dona Baratinha
Ana Maria Machado
Maria Eugênia
Festa no céu
Ana Maria Machado
João e Maria
Flavio de Souza
Cachinhos de Ouro
Ana Maria Machado
Ellen Pestili
João e o pé de feijão
Flavio de Souza
Roberto Weigand

O Barba-Azul
Flavio de Souza
O patinho feio
Flavio de Souza
O rato do campo e o rato da cidade
Flavio de Souza
Roberto Weigand
Os músicos de Bremen
Flavio de Souza
Ellen Pestili
Os três porquinhos
Ana Maria Machado
Gilles Eduar
O Veado e a Onça
Ana Maria Machado
Suppa

Semeando valores: os desafios de formar leitores

Conforme a criança cresce, com ela crescem sonhos e projetos. Como uma semente que brota, cria raízes e vai se desenvolvendo em planta, frutificando um pouco todo dia, a cada etapa da vida, a criança passa a descobrir o mundo que existe a seu redor e conquista novas percepções dele.

É nesse campo fértil que a literatura semeia profundos valores! Como meio eficaz de transformação, além de fonte de prazer e divertimento, a presença cotidiana da literatura auxilia (e muito!) essas pequenas sementes a germinarem, pois estimula a imaginação, a criatividade e a inovação, ajuda a desenvolver a escrita e o raciocínio lógico, desperta o senso crítico e expande os horizontes dos pequenos leitores. Ao darem os primeiros passos no mundo das palavras e das leituras, as crianças costumam guardar a lembrança de quem semeou histórias, poemas e canções em sua vida.

Os valores e sentimentos que surgem a partir do prazer da leitura ultrapassam a infância. São ricos momentos que nos acompanham por toda a vida!

wk1003mike/Shutterstock.com

Pensando justamente nesses momentos importantes da vida de nossas crianças e jovens, nós, da **FTD Educação**, envolvidos com a transformação da sociedade por meio da Educação, convidamos toda a família a protagonizar essa jornada com o jovem leitor, rumo a novas descobertas e conquistas, oferecendo orientação, conhecimento e apoio para que esses momentos se transformem em boas memórias.

Para isso, é preciso, antes de tudo, conhecer um pouco mais os desafios para nós – sociedade, escola e família – no processo de formação de leitores. Reconhecer o campo onde iremos semear é fundamental para que nossa colheita seja eficaz e gratificante. Vamos lá?

Os desafios que envolvem a prática da leitura no Brasil

Apesar de bastante difundidos os comprovados benefícios que envolvem a leitura, o Brasil ainda não é um país com número expressivo de leitores. Para mudar esse panorama, precisamos olhar com muita atenção para o momento em que essa prática acontece não só no ambiente escolar, mas, sobretudo, no espaço familiar.

Monkey Business Images/Shutterstock.com

Desse modo, para pensar nesse tema, recuperaremos alguns índices que tratam do hábito de leitura do brasileiro e que nos permitem traçar um perfil do nosso leitor. Esses dados foram divulgados na terceira edição da pesquisa Retratos da Leitura, em 2011, que levantou informações sobre o comportamento do brasileiro como leitor.

Antes de apresentar esses índices, é necessário esclarecer que essa pesquisa ocorreu entre 11 de junho e 3 de julho de 2011 e tratou de quantificar a opinião de 5 012 entrevistados, a partir da aplicação de questionário e entrevistas presenciais realizadas em domicílio. Essas entrevistas foram realizadas em 315 municípios de todo o país, mais Distrito Federal, com intervalo de confiança estimado em 95%, ou seja, se a mesma pesquisa for aplicada 100 vezes, o resultado será o mesmo em 95 delas. A margem de erro máxima estimada nos dados divulgados é de 1,4% para mais ou para menos sobre os resultados encontrados no total da amostra.

A metodologia envolvida nessa pesquisa teve a preocupação de estabelecer parâmetros de comparação entre dados encontrados em outros países, de modo a analisar também dados culturais sobre o comportamento do leitor brasileiro.

Nossa expectativa, ao trazermos esses dados, é contribuir para que pensemos em quais ações voltadas à melhoria desses indicadores podemos tomar ainda em nossa casa. Acreditamos que, com atitudes bastante simples, poderemos modificar a realidade da leitura em nosso país e permitiremos a nossas crianças e jovens o acesso à emoção que só os livros proporcionam, com histórias que divertem, ensinam e abrem as portas de um novo universo, cheio de possibilidade.

Um dos indicadores mais significativos do desenvolvimento de leitores é a média de consumo de livros por ano. Vamos conhecer a média brasileira?

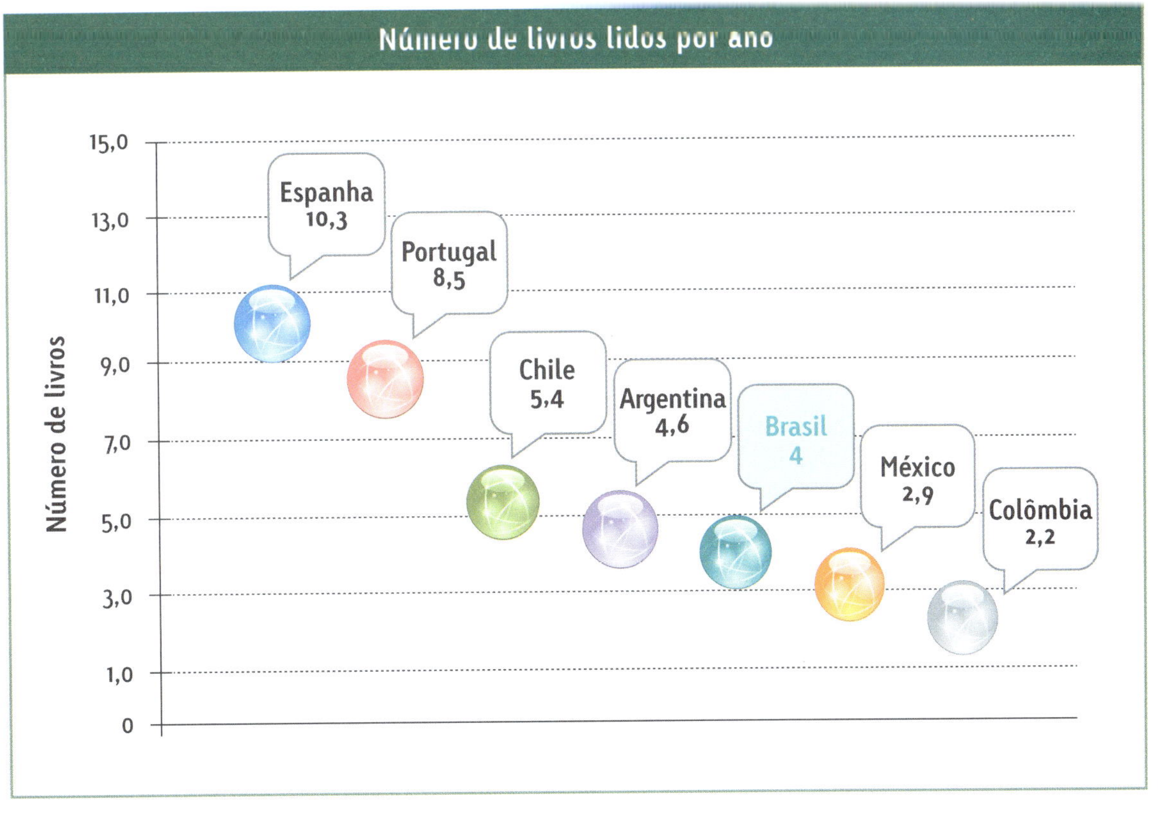

Fonte: HOYOS, Bernardo Jaramillo; SALINAS, Lenin Monak. Comportamento do leitor e acesso ao livro em países da Ibero-América – estudos pelo Cerlalc. Em: FAILLA, Zoara (Org.). *Retratos da leitura no Brasil 3*. São Paulo: Imprensa Oficial do Estado de São Paulo: Instituto Pró-Livro, 2012. p. 201. Disponível em: ‹www.imprensaoficial.com.br/retratosdaleitura/RetratosDaLeituraNoBrasil3-2012.pdf›. Acesso em: 26 jun. 2015.

Pelo gráfico, o brasileiro lê, em média, quatro livros por ano. Argentina e Chile, por exemplo, possuem índices melhores que o nosso, de 4,6 e 5,4 livros por ano, respectivamente.

Agora observe a porcentagem de pessoas que leem nas horas livres.

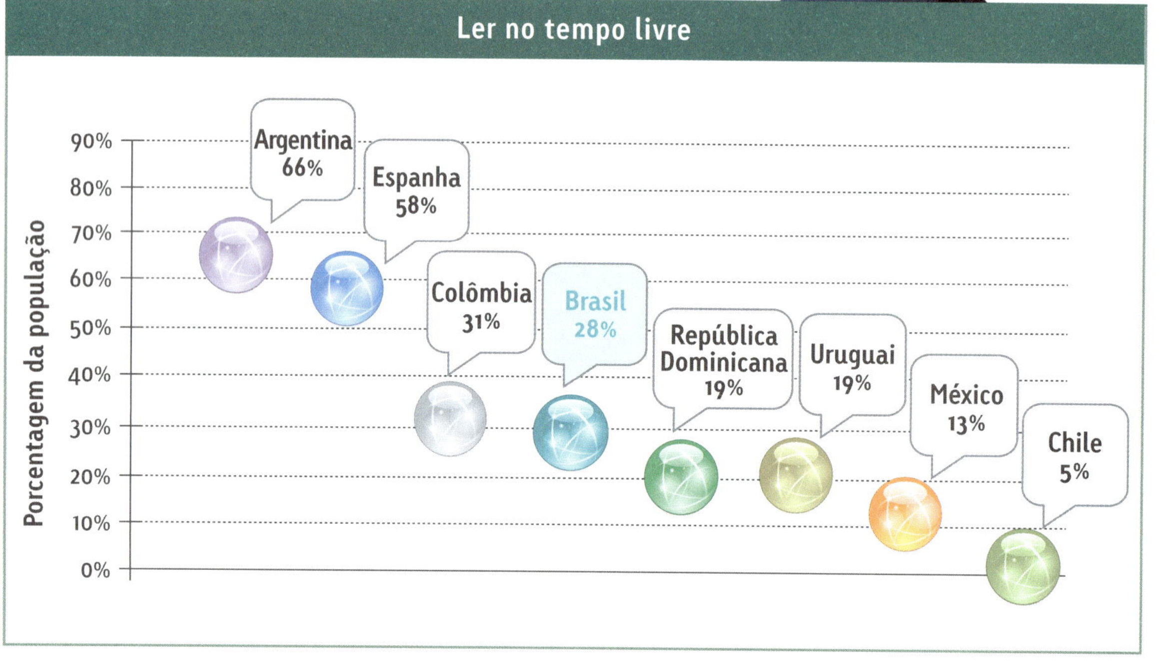

Fonte: HOYOS, Bernardo Jaramillo; SALINAS, Lenin Monak. Comportamento do leitor e acesso ao livro em países da Ibero-América – estudos pelo Cerlalc. Em: FAILLA, Zoara (Org.). *Retratos da leitura no Brasil 3*. São Paulo: Imprensa Oficial do Estado de São Paulo: Instituto Pró-Livro, 2012. p. 198. Disponível em: ‹www.imprensaoficial.com.br/retratosdaleitura/RetratosDaLeituraNoBrasil3-2012.pdf›. Acesso em: 26 jun. 2015.

Somente 28% dos entrevistados afirmaram gostar de ler no tempo livre. A Argentina e a Espanha foram os países que registraram a maior taxa de uso do tempo livre em atividades de leitura (66% na Argentina e 58% na Espanha). No Chile, no México, no Uruguai e na República Dominicana, a opção de leitura no tempo livre é ainda menor que no Brasil.

Por esses dois indicadores, já é possível perceber que, de modo geral, grande parte dos brasileiros não considera a leitura uma opção de entretenimento e lazer. Mas, se o brasileiro não lê em seu tempo livre, o que ele costuma fazer?

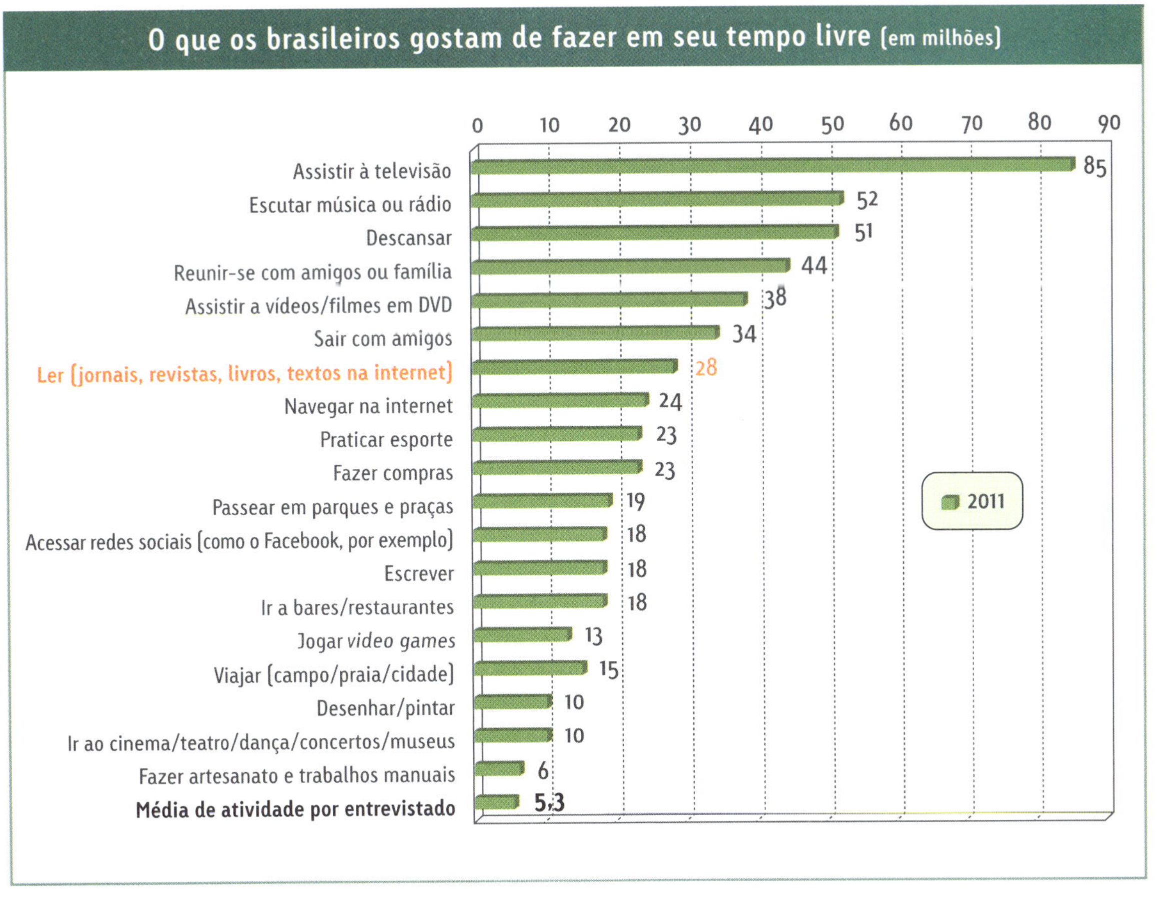

Base: População de brasileiros com 5 anos ou mais em 2011 (178 milhões).

Fonte: FAILLA, Zoara (Org.). *Retratos da leitura no Brasil 3*. São Paulo: Imprensa Oficial do Estado de São Paulo: Instituto Pró-Livro, 2012. p. 283. Disponível em: ‹www.imprensaoficial.com.br/retratosdaleitura/RetratosDaLeituraNoBrasil3-2012.pdf›. Acesso em: 26 jun. 2015.

A leitura, de modo geral, aparece apenas na sétima posição de opção de lazer nas horas livres.

Muitas são as justificativas para essa falta de interesse pela leitura. A principal é a falta de tempo. Segundo a pesquisa, 53% da população brasileira se justificou dessa forma.

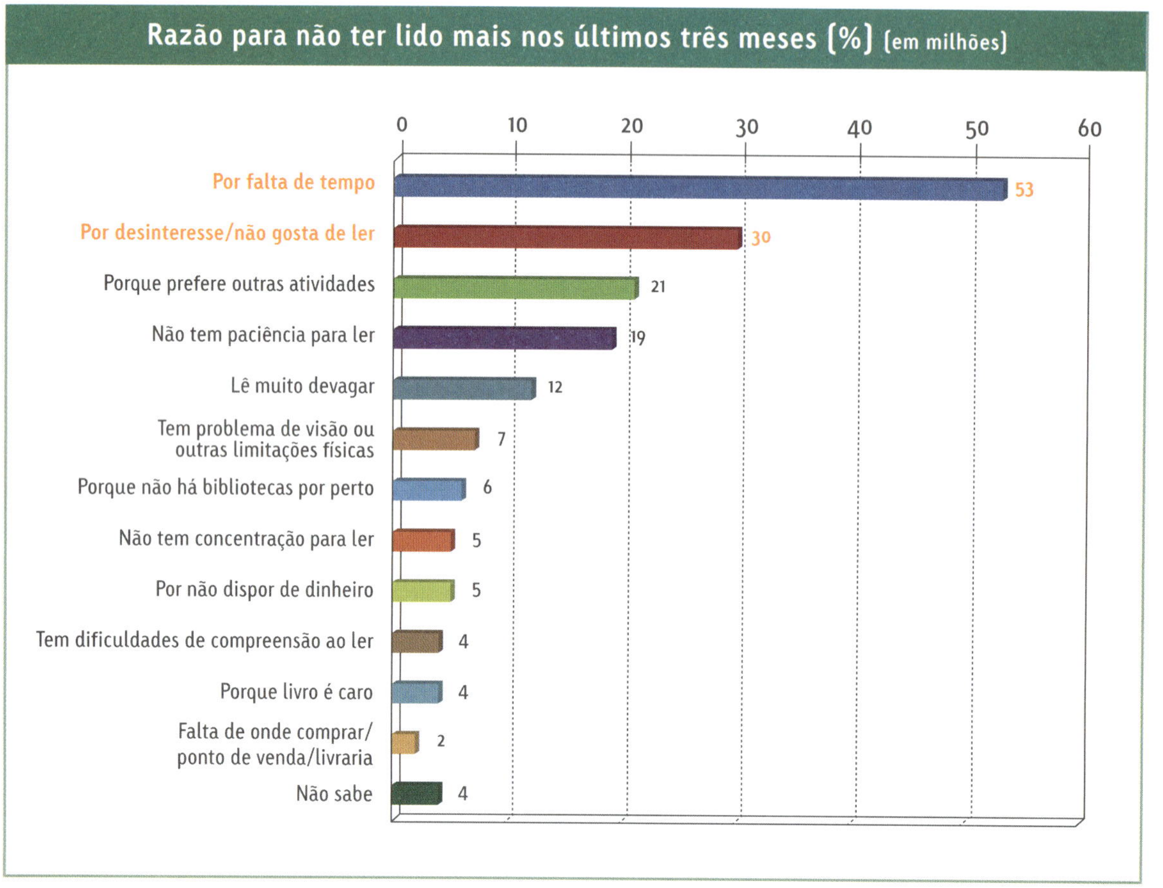

Base: Sabe ler (162,5 milhões).

Fonte: FAILLA, Zoara (Org.). *Retratos da leitura no Brasil 3*. São Paulo: Imprensa Oficial do Estado de São Paulo: Instituto Pró-Livro, 2012. p. 276. Disponível em: ‹www.imprensaoficial.com.br/retratosdaleitura/RetratosDaLeituraNoBrasil3-2012.pdf›. Acesso em: 26 jun. 2015.

Para além dessa justificativa, há uma segunda que também nos preocupa: o desinteresse/pouco gosto pela leitura. Não tem como não pensar em por que a porcentagem de pessoas que não gosta de ler é ainda tão alta nos dias atuais.

Um índice veiculado na pesquisa Retratos da Leitura 2011 e que contribui para essa reflexão é quais os gêneros mais lidos conforme a faixa etária dos entrevistados. Pela pesquisa, o livro mais lido, entre os entrevistados, é a Bíblia. Em seguida, surgem o livro didático, o romance, os livros religiosos, os contos e os livros infantis. Quando observamos, de forma específica, o quanto crianças e jovens leem, fica evidente que eles leem em geral muito pouco. Para ter uma ideia, por exemplo, na fase inicial, dos 5 aos 10 anos, 66% das crianças leem livros infantis. Contudo, esse dado cai drasticamente ao longo dos anos e chega à preocupante porcentagem de 26% na faixa dos 14-17 anos para a leitura de livros juvenis.

Diante dos gráficos apresentados e desse alarmante cenário, só nos resta pensar: em que momento do desenvolvimento de nossas crianças a leitura começa a perder lugar para outras atividades a ponto de, na juventude, encontrarmos índices tão baixos? Que espaço a leitura recebe no cotidiano de nossas crianças e jovens? A partir dessa reflexão poderemos combater a falta de leitura de modo geral.

Precisamos reverter esse quadro, uma vez que a leitura é fundamental na formação de nossas crianças e jovens, desenvolvendo o senso crítico, estimulando a reflexão ética e a identificação com o outro, ajudando o leitor a projetar suas próprias opiniões e ampliando a visão de mundo. Para isso, precisamos contar com a participação da família, da escola e da sociedade como um todo.

Sendo assim, reconhecida por publicar livros de qualidade dos mais respeitados autores e preocupada não apenas com o valor de suas obras, mas também e principalmente com a formação de futuros cidadãos, a **FTD Educação** vai além e propõe neste livro um convite à família para **cultivar seus leitores**, de modo que possamos mudar expressivamente o panorama de leitura em nosso país.

Para ajudar os familiares a acompanhar e estimular os progressos dos jovens leitores, apresentamos a seguir informações sobre cada fase do seu desenvolvimento e algumas dicas de como aproximar nossas crianças e jovens da leitura. Acreditamos que, dessa forma, contribuímos para o cultivo de uma sociedade mais justa, sensível, criativa e feliz.

Tornar a leitura um hábito na vida de nossas crianças e jovens é responsabilidade de todos e é também um grande prazer. Ajude-os a descobrir nas páginas de um livro muita diversão, cultura, informação e, acima de tudo, um novo jeito de ver o mundo.

Esperamos que, como semente em terra fértil, este livro brote e dê bons frutos!

wavebreakmedia/Shutterstock.com

Categorias de leitor: o movimento para a formação de uma nova mentalidade

Volte ao tempo em que era criança e pense nas coisas que o faziam sorrir. Quantas boas lembranças ficaram guardadas em seu coração? Algumas têm sabor de alegria, como um bolo de aniversário ou o almoço na casa da avó; outras despertam memórias, como o cheiro da grama cortada no parque ou a sensação de caminhar na areia da praia.

Dentre os prazeres guardados na memória, há um muito especial que é o incomparável prazer de ouvir histórias. No colo, deitado na cama, ao redor de uma fogueira, sob um céu noturno estrelado – como faziam nossos ancestrais –, ou em qualquer momento em que a magia aconteça, o tempo das histórias nunca acaba; ao contrário, ele se renova e recomeça a cada vez que se ouve ou se diz *Era uma vez...*

Olga Sapegina/Shutterstock.com

As crianças gostam de ouvir histórias. Por isso, é importante aproveitar a infância para dar espaço à prática de ouvir narrativas. Os avós, pais, irmãos mais velhos, tios... qualquer familiar pode contá-las oralmente ou lê-las em livros. Quando inseridas no cotidiano, aprendemos a ter essas histórias não como visitas aguardadas, mas como “gente de casa”, velhas conhecidas, companheiras próximas, à mão em qualquer momento. E uma companhia e tanto!

Se as reencontrarmos mais tarde na escola, será uma alegria que se renova na voz e nos gestos dos professores e que se expressa na curiosidade por decifrar figuras, na tentativa de entender palavras e sonoridades de rimas, na atenção dirigida a acompanhar o que vivem e fazem tantos personagens incríveis.

A literatura torna-se viva, age e reage a cada vez que compartilhamos histórias e sempre que por ela nos conectamos a infinitos imaginários, de outras épocas, culturas e saberes. A partir daí, a fantasia e a imaginação em funcionamento nos trazem novas ideias. E ideias inspiram sonhos, fortalecem a vontade e dão contornos e formas à vida.

Para que a prática da leitura proporcione uma reflexão crítica e madura na vida adulta, é imprescindível cuidar desse hábito ainda na infância. Isso se concretiza com ações que vão ao encontro das necessidades e interesses das várias fases do desenvolvimento infantil, motivando a criança a descobrir novas leituras e a desenvolver sua competência leitora.

Como podemos conhecer os níveis de cada leitor?

Um caminho para que sua criança se torne um jovem leitor fluente e autônomo, cultivando o prazer e o exercício crítico que a prática da leitura proporciona, é proposto por Nelly Novaes Coelho, uma das principais estudiosas da literatura para crianças e jovens no nosso país.

Ela divide em cinco categorias os tipos de leitores, considerando a sua idade e sua maturidade leitora. Vamos conhecer essas categorias?

Gelpi JM/Shutterstock.com

Tipos de leitor	
Pré-leitor	Dos 15/17 meses a 3 anos
	A partir dos 2/3 anos
Leitor iniciante	A partir dos 6/7 anos
Leitor em processo	A partir dos 8/9 anos
Leitor fluente	A partir dos 10/11 anos
Leitor crítico	A partir dos 12/13 anos

COELHO, Nelly Novaes. *Literatura Infantil*: teoria, análise e didática. São Paulo: Ática, 1993. p. 28-34.

O pré-leitor: a fase do faz de conta

Provavelmente, você já escutou estes versos:

Se esta rua, se esta rua fosse minha
Eu mandava, eu mandava ladrilhar.
Com pedrinhas, com pedrinhas de brilhante
Para o meu, para o meu amor passar...

Há muito tempo, canções como essa acalentam crianças de todo o Brasil, e cantá-las é um ato de amor, carinho, aconchego e confiança. No colo, essas breves histórias cantadas fazem com que o bebê aprenda a confiar na voz, no calor, na interação do encontro e durma tranquilo, apreciando a sonoridade das rimas, aumentando seu vocabulário e aprendendo outros significados, tão importantes, contidos nos versos.

Nolte Lourens/Shutterstock.com

Escutar a leitura de um livro é ter acesso a uma rica experiência que começa cedo, no contexto familiar.

Uma voz conhecida, lendo um verso ou cantando uma canção, atrai a atenção da criança ainda não alfabetizada para a musicalidade das palavras, despertando no pequeno ouvinte o prazer de escutar. E escutar histórias é um passo importante na aquisição do prazer de ler.

Sendo assim, leia em voz alta para as crianças. Procure, antes de iniciar a leitura, comentar o título da obra, perguntando ao pequeno ouvinte, por exemplo, se sabe do que trata o livro – assim, mecanismos de associação entram em ação, e a criança recupera conhecimentos já adquiridos para poder começar a interpretar a história. Ao final da leitura, questione o que a criança achou da história, de qual personagem mais gostou, o que mudaria no final; peça que desenhe a narrativa lida etc. São atitudes simples que auxiliam seu pequeno ouvinte a se apropriar do conteúdo apresentado e que podem acompanhá-lo em todas as etapas de sua formação, fazendo com que sempre haja na leitura um momento de reflexão sobre o que está sendo lido.

Oksana Kuzmina/Shutterstock.com

Ravil Sayfullin/Shutterstock.com

Nessa etapa, as crianças costumam gostar de ouvir uma mesma história preferida muitas e muitas vezes – no mesmo dia, logo após a leitura ou em dias diferentes. Ao longo dessas audições, memorizam palavras e frases, cobrando qualquer alteração. Não é incomum que crianças dessa fase “leiam” suas histórias preferidas juntando as pistas fornecidas pelas ilustrações e pelas falas memorizadas.

Desse modo, nessa primeira etapa do desenvolvimento infantil, é fundamental que a criança acompanhe a leitura de livros em voz alta, folheie obras sobre as quais já ouviu falar, reconte histórias por meio de desenhos e fale sobre livros que ouviu/viu na escola ou em casa. Para que esse momento seja ainda mais significativo, é importante que os livros escolhidos possam ser manuseados livremente e estejam sempre ao alcance das mãos da criança.

Leituras adequadas a esse leitor

Para esse leitor, são adequados livros com formatos diferentes, com pouco texto escrito ou mesmo sem ele, coloridos, com ilustrações ricas e detalhadas, ou com ilustrações que remetam aos desenhos infantis. Os temas preferidos são aqueles próprios do cotidiano infantil, com relatos de novas experiências e descobertas, que mesclem o real e o imaginário.

Oksana Kuzmina/Shutterstock.com

Alguns gêneros prediletos nessa fase:

- quadrinha, cantiga e poemas populares;
- conto de humor, de surpresa;
- conto de fadas, fantástico e maravilhoso;
- conto quc brinca com o som e o ritmo das palavras;
- conto folclórico;
- parlenda, fábula;
- livro-brinquedo;
- livro de imagem.

O leitor iniciante: a construção da identidade

Você já deve ter notado que, a partir dos 6 anos de idade, as crianças percebem o mundo de um modo especial, o pensamento infantil transita entre o mundo mágico e o real. É a fase do faz de conta, de dar aos objetos vida, fala e personalidade, de brincar e de dialogar com eles exercitando a imaginação. Qualquer problema ou dificuldade que se apresente nesse brincar pode ser solucionado por meio da fantasia.

Especialmente nesse período da infância, contos sobre ações do cotidiano com animais como personagens e alguns contos de fada trarão à criança a fantasia de que ela necessita para elaborar seus sentimentos em relação aos próprios medos, à insegurança de ficar sozinha, de enfrentar o escuro, de agir no mundo dos adultos, tão poderosos como os gigantes das histórias.

Oksana Kuzmina/Shutterstock.com

Mcnkey Business Images/Shutterstock.com

Os objetos mágicos presentes nessas histórias são recursos que apoiam a narrativa maravilhosa e reforçam a ideia de que os personagens contarão com uma ajuda extra, que haverá sempre uma saída para quem se esforça, age de forma correta ou demonstra ter bons sentimentos.

Por esse motivo, é importante que, ao final de cada história, todos vivam "felizes para sempre" – pelo menos até que um novo problema aconteça e faça os personagens agirem novamente!

Serão essas narrativas maravilhosas que, muitas vezes, despertarão nas crianças o interesse por aprender a ler de forma independente. Isso porque, nesse momento, à medida que avança no processo de alfabetização na escola, a criança, que até então se encantava pela história escutada, começa a descobrir a capacidade de nomear o mundo a sua volta por meio da leitura de palavras, frases, poemas curtos e histórias.

Nessa fase, a criança também começa a pensar nas consequências de seus atos e na melhor solução de um problema, interessando-se pelo mundo que a cerca e querendo saber o como e o porquê das coisas. É a fase da construção da autonomia e da identidade. Assim, sua comunicação oral ganha clareza e coerência. Também nesse período desenvolve-se a percepção do sentido de grupo.

Leituras adequadas para esse leitor

Nesse momento em que as crianças estão em processo de alfabetização é importante que a leitura acompanhada permita a interação entre o texto escrito e as ilustrações, de modo que as interpretem e, com base nelas, olhem para o texto em si. Assim, a presença de ilustrações ainda é fundamental. Os temas que costumam ser preferidos são os inspirados no cotidiano infantil, que tratem de desejos, aventuras, sonhos, alegrias e frustações dos leitores, assim como histórias que oponham o bem e o mal.

Alguns gêneros prediletos nessa fase:

- conto de aventura;
- conto de humor;
- conto de medo;
- conto acumulativo;
- conto com situações repetidas;
- conto de heroísmo;
- conto de situações do dia a dia;
- conto de fada, fantástico e maravilhoso;
- fábula;
- poesia.

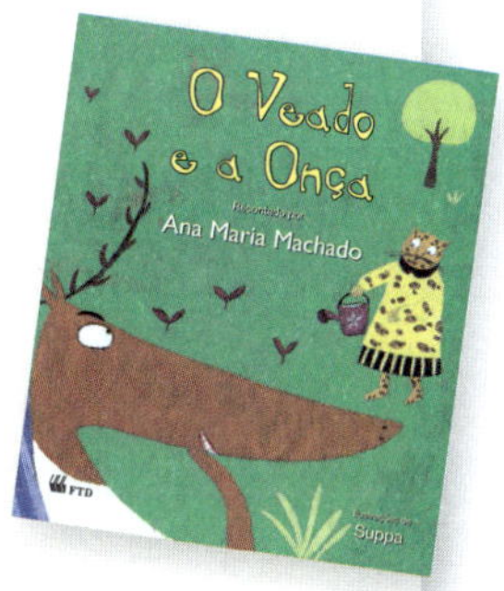

O leitor em processo: dominando a leitura

Crescer é mais fácil quando se tem histórias por perto, sejam contadas oralmente, sejam nos livros, em peças de teatro etc. E música, e amigos, e uma família que realiza projetos conjuntos. Pode parecer difícil no dia a dia agitado, mas é importante propiciar momentos para ver, ler e ouvir histórias.

A presença da família na formação do pequeno leitor é imprescindível! No período que se inicia por volta dos 8 anos de idade, a criança que neste momento já é alfabetizada se torna um leitor ainda mais eficaz, apresentando novos interesses: o pensamento que transita entre o mágico e o real, dá lugar a um pensamento mais racional, lógico.

Monkey Business Images/Shutterstock.com

A descoberta do mundo é crescente. O conhecimento teórico e prático ganha importância. Os jogos e as associações em grupos se ampliam. A linguagem torna-se fluente e integradora. A criança nessa fase pergunta mais, quer mais detalhes sobre os assuntos de seu interesse, compara e troca o que aprende com os demais.

Nessa fase do desenvolvimento do gosto literário, é importante deixar a criança pesquisar e escolher os livros que deseja ler. A evolução dessa autonomia deve ser iniciada com um cantinho de leitura: uma caixa ou cesto em que a criança possa encontrar com facilidade seus livros favoritos.

Ainda que não leia sozinha de forma totalmente autônoma, esse processo de escolha e apropriação de uma história incute um hábito cultural bastante rico: a liberdade de buscar a história que deseja conhecer ou reler.

Sempre que possível, leve a criança a livrarias e bibliotecas e permita que manuseie os livros da seção infantil. Nesses espaços a criança pode fazer, por exemplo, uma lista com as obras que deseja ler e escolher livros para levar para casa. Esse movimento de decidir o que ler cria uma associação prazerosa da criança com o mundo da leitura.

Leituras adequadas a esse leitor

Nessa etapa, a aventura ganha força. Livros relacionados à natureza e à ciência, de modo geral, também costumam ser os desejados: histórias sobre tempos pré-históricos, o espaço, os planetas, o início da vida na Terra, entre outros que narram diferentes realidades, despertam o interesse do leitor em formação. As histórias de astúcia, em que o personagem mais vulnerável vence pela inteligência e esperteza, também agradam. Os contos tradicionais e as fábulas podem compor o repertório desse leitor, que já lê com relativa autonomia.

Alguns gêneros prediletos nessa fase:

- conto mais longo e denso;
- aventura fantástica;
- relato de experiências;
- relato do cotidiano da criança;
- conto de mistério e com criaturas mágicas;
- conto tradicional;
- lenda e mito;
- documentário;
- poesia;
- fábula e narrativa exemplar;
- conto de heroísmo;
- teatro.

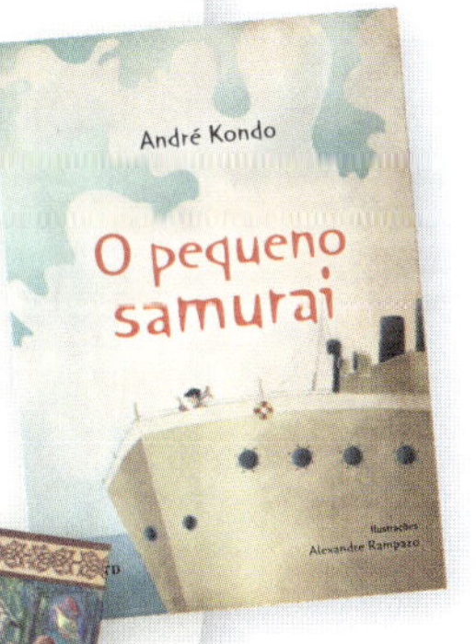

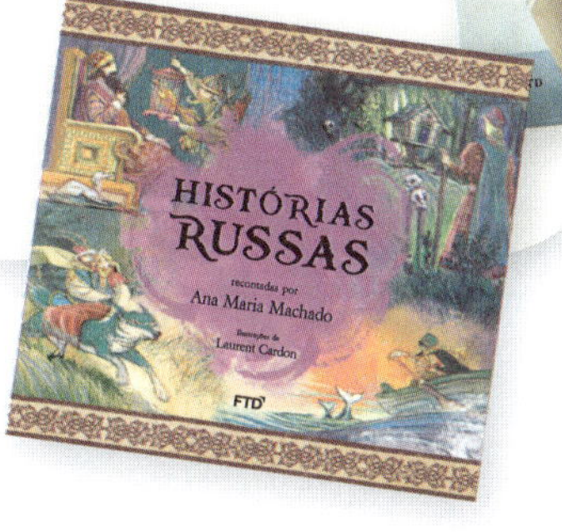

O leitor fluente: a consolidação da leitura

A partir dos 10 anos de idade, a criança começa a deixar a infância e entrar na adolescência. Tendo um histórico de leitura, ela pode ser considerada um leitor fluente.

Com o hábito e a prática da leitura consolidados, esse é um período voltado às ideias, aos sentidos de viver e de estar no mundo e à energia do pensamento, que se relaciona com a consolidação da personalidade e do modo próprio de ser.

Os sentimentos estão em ebulição, e os olhares da criança se voltam para muitas expectativas diferentes. São tantos os caminhos... É natural que, nesse momento, ela se volte para o autoconhecimento e a autoafirmação, que os valores dos adultos lhe pareçam sem sentido...

Lucky Business/Shutterstock.com

Na construção de sua identidade, o jovem questiona valores e regras, num exercício de autoconhecimento, distinguindo a realidade de suas suposições sobre o real. Nessa fase, todo o seu repertório de leitura pode ser revisitado com um novo olhar, levando a sua ressignificação. Equívocos e acertos fazem parte do adolescer, e a bagagem literária conquistada até então ajudará o jovem leitor a lidar com os desafios dessa etapa. Por esse motivo, a responsabilidade de pais e educadores em acompanhar o desenvolvimento da leitura na infância colaborará muito para que a criança se torne um jovem leitor, e para que a leitura continue presente nessa fase da vida.

Assim, o jovem poderá caminhar com certa autonomia na escolha de suas leituras, sempre contando com as indicações de amigos, da escola e da família.

E os clássicos? Um presente para a reflexão!

No desenvolvimento do leitor, as obras clássicas são um verdadeiro presente. Essas histórias contribuem com a formação cidadã, uma vez que, resistindo ao tempo, trazem questões universais, fundamentais para o desenvolvimento cultural e ético do jovem. São obras que permeiam o imaginário de nossa sociedade, de modo que o fato de conhecê-las favorece a reflexão sobre o mundo em que vivemos.

É importante observar que os clássicos podem ser inseridos no repertório da criança por caminhos diversos, como pelas traduções, adaptações e releituras, que tornam a obra clássica mais acessível ao jovem.

Jacek Chabraszewski/Shutterstock.com

Leituras adequadas a esse leitor

As histórias que costumam mobilizar os jovens dessa fase mostram a luta de personagens reais, com falhas e defeitos como todo ser humano, envolvidos em tramas amorosas, em situações que exigem atitudes e posturas e que cobram reflexões. Histórias que expressem esse mundo interior em busca de adequação, como pequenos romances juvenis, relatos de experiências sentimentais, biografias de pessoas, cujo exemplo de vida pode impressionar os leitores, assim como contos de ficção científica e histórias realistas, porque esse é o tempo de se entreter com a realidade.

Alguns gêneros prediletos nessa fase:

- conto;
- crônica;
- novela;
- romance;
- teatro;
- poesia;
- histórias de humor, ação, mistério, aventura;
- narrativa policial;
- clássico universal adaptado;
- conto clássico universal;
- lenda e mito.

O leitor crítico: a maturidade da leitura

Por volta dos 12 anos de idade, o jovem tem novos questionamentos pessoais com relação ao mundo em que vive, em busca de sua identidade. A convivência com diferentes grupos aumenta, acarretando muitos estímulos sociais. Nessa fase, são característicos os primeiros namoros e o movimento de conquista de independência, numa abertura plena para o mundo.

Com um histórico de leitura adequado, o leitor, já com total domínio da leitura e da linguagem escrita, inicia sua maturidade, desenvolvendo o pensamento reflexivo e crítico. O que o diferencia do leitor fluente é sua habilidade de relacionar o texto lido a seu repertório de leitura e à sua realidade, refletindo sobre seu significado. Assim, o leitor crítico percebe que os textos dialogam entre si num arcabouço cultural, espelhando nossa realidade e interagindo com ela.

Sabphoto/Shutterstock.com

Para adquirir essa habilidade, é fundamental que o leitor já conheça diferentes tipos de texto e tenha exercitado a leitura para além de sua decodificação e entendimento, ressignificando-a. O jovem leitor é capaz de compreender textos mais densos e a visão de mundo que trazem, inclusive, por vezes, contestando-os e discordando deles. Assim, a alfabetização literária, com conhecimentos básicos sobre o mecanismo da leitura e da literatura, faz-se necessária, colaborando com esse amadurecimento.

Diante do momento social em que vivemos, de transformações, de crise das verdades tradicionais e da emergência de novos valores, ler e agir criticamente torna-se uma habilidade a ser buscada. A leitura crítica certamente levará a um posicionamento mais claro e ativo dentro desse contexto, favorecendo a emergência de uma nova realidade.

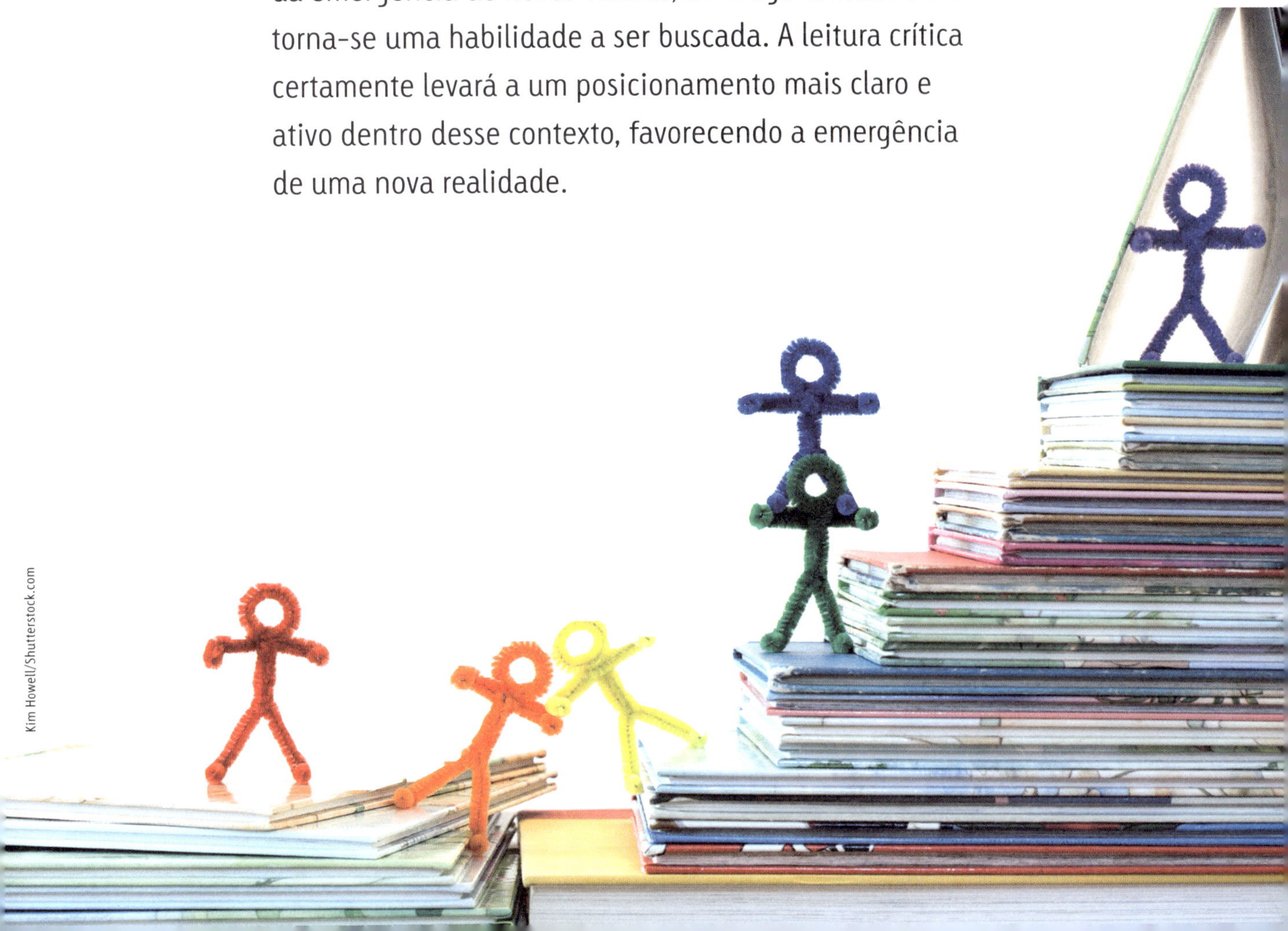

Kim Howell/Shutterstock.com

Leituras adequadas a esse leitor

A necessidade de interagir com o mundo, conhecê-lo e compreendê-lo, instiga o jovem a ler textos que reflitam sua condição de indivíduo em desenvolvimento, em busca de um lugar no mundo. As leituras devem atender o interesse dos jovens a respeito da realidade e das relações interpessoais, para que possam desenvolver a consciência crítica. Todo o repertório de leitura anterior pode ser revisitado, na busca de outros níveis de significado. Nessa fase, o jovem já pode ler os clássicos nacionais e universais em versão integral, não precisando mais do auxílio das adaptações. Ainda que elas sejam uma ponte importante para o amadurecimento do leitor, nada substitui a fruição do texto original.

arek_malang/Shutterstock.com

Alguns gêneros prediletos nessa fase:

- conto;
- crônica;
- novela;
- romance;
- teatro;
- poesia;
- clássicos brasileiro e universal;
- conto de humor;
- sátira e paródia;
- narrativa policial;
- depoimento;
- reportagem;
- narrativa de ficção científica;
- narrativa de suspense;
- narrativa de aventura.

A literatura e outras artes

Filme de Shelley Duvall. Teatro dos Contos de fada. João e Maria. EUA. 2009

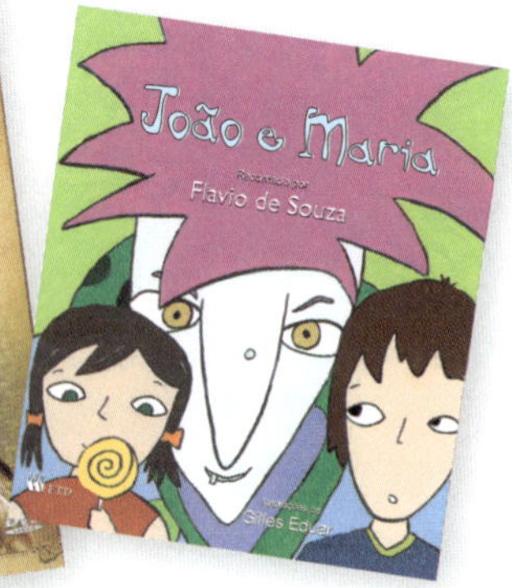

O filme *João e Maria* é baseado na obra clássica homônima.

Para o amadurecimento do leitor, é importante que ele reconheça que a literatura não é estanque e a relacione com outros textos, outras artes, outras manifestações culturais, enfim, com o mundo. Explorar o rico diálogo entre a literatura e as outras artes, como o cinema, a música, o teatro e as artes plásticas, é um excelente movimento de (re)aproximação das histórias que já foram lidas em livros com adaptações para a tela dos cinemas e televisores.

Nesse processo os familiares podem colaborar levando as crianças e os jovens ao cinema, para assistirem a peças de teatro, apresentações musicais, exposições de arte etc.

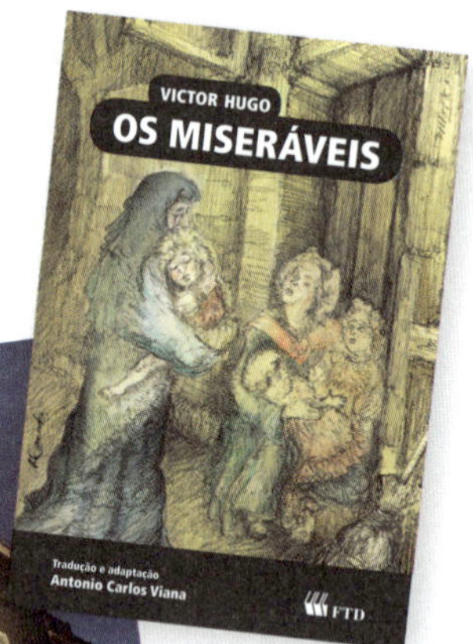

Bikeworldtravel/Shutterstock.com

Apresentação do musical *Les Misérables* (*Os miseráveis*), no Queen's Theatre em Londres (Inglaterra).

Filmes e livros

A seguir indicamos alguns filmes que abordam o universo literário de forma instigante. Além de serem boas histórias, elas servem de estímulo para o jovem leitor cultivar o gosto e o hábito da leitura.

Os quatro primeiros, aliás, são adaptações de obras literárias para o cinema; e o último faz reverência a um clássico da literatura universal: *Peter Pan* (1911). Após assistir a esses filmes, uma sugestão é incentivar o jovem leitor a ler os livros que os inspiraram.

***Coração de tinta** (**Inkheart**)*. **Direção de Iain Softley. Estados Unidos: New Line Cinema, 2008.**

Mo é pai de Meggie, uma menina de 12 anos. Eles compartilham a paixão pelas histórias dos livros. O que Meggie não sabe é que o pai é capaz de dar vida a qualquer personagem dos livros que lê. O filme é baseado na obra homônima de Cornelia Funke.

Filme de Iain Softley. Coração de Tinta - O Livro Mágico. Reino Unido. 2008

Filme de Wolfgang Petersen. A História Sem Fim. EUA. 1984

***A história sem fim** (**NeverEnding Story**)*. **Direção de Wolfgang Petersen. Estados Unidos/Alemanha: Warner Bros. Pictures, 1984.**

Filme baseado no romance homônimo de Michael Ende, conta a história de Bastian, um menino que encontra um livro muito antigo, que narra a vida em um reino chamado Fantasia, ameaçado de ser destruído por Nada. Ao lê-lo, Bastian se envolve na história, interferindo diretamente no destino dos seus personagens.

As crônicas de Spiderwick (*The Spiderwick Chronicles*). **Direção de Mark Waters. Estados Unidos: Paramount Pictures, 2008.**

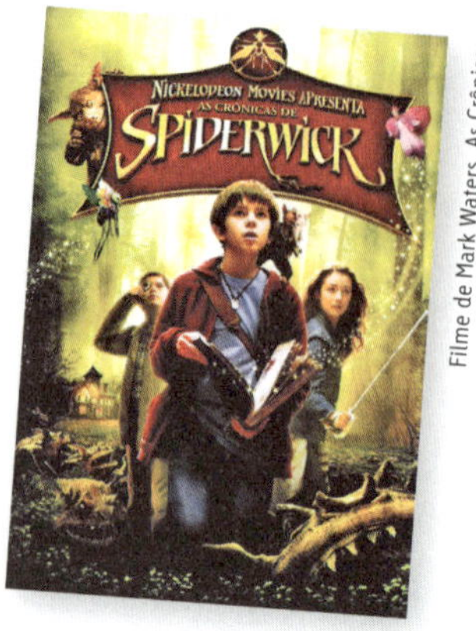

Filme de Mark Waters. As Crônicas de Spiderwick. EUA. 2008

Jared encontra, em um quarto secreto, *O guia de campo de Arthur Spiderwick*. Ele descreve o Mundo Encantado em detalhes. Só que a obra precisa ser protegida para que o ogro Mugarath e uma horda de goblins não descubram as fraquezas das criaturas mágicas. O filme é baseado na coleção homônima, de Holly Black e Tony DiTerlizzi (2003-2004).

Filme de Brian Percival. A menina que roubava livros. Alemanha. 2013

A menina que roubava livros (*The Book Thief*). **Direção de Brian Percival. Estados Unidos: 20th Century Fox, 2013.**

Na Alemanha nazista, em Munique, uma garota rouba livros para ler e compartilhar com seus vizinhos, inclusive um jovem judeu. O filme, baseado no livro de mesmo nome, de Markus Zusak (2005), é uma alegoria de como a literatura pode ser uma forma de resistência e ajudar a manter a esperança.

Em busca da Terra do Nunca (*Finding Neverland*). **Direção de Marc Foster. Estados Unidos: Miramax Films/Buena Vista International/Lumière, 2004.**

Filme de Marc Forster. Em Busca da Terra do Nunca. Reino Unido. 2004

Biografia romanceada de James Barrie, traçando paralelos entre sua vida e o livro *Peter Pan* (1911), de sua autoria. Versão para o cinema da peça de teatro homônima, de Allan Knee, permite refletir sobre o processo de criação autoral e tomar contato com um dos maiores clássicos da literatura universal.

Mude essa história!

Todos nós, sem exceção, podemos nos identificar com diversos tipos de leitura, independentemente da idade: poesias; cantigas; quadrinhas; contos de fadas, aventuras; descobertas científicas; histórias que elevem o conhecimento com doses de realidade, mas sem deixar de lado o mundo maravilhoso do suspense, da ficção etc.

Robert Kneschke/Shutterstock.com

Tomsickova Tatyana/Shutterstock.com

Por isso, é necessário que não só a criança e o jovem tenham livros em casa, mas também seus responsáveis, em quem eles se espelham. Procure ter o costume de visitar as bibliotecas de seu bairro e de ir às livrarias de rua ou de grandes centros comerciais, por exemplo. Visite esses locais, pergunte pelas novidades, escolha livros e folheie-os, apresente esse ambiente ao pequeno leitor com quem convive como um lugar prazeroso e habitual em sua rotina.

Leve a criança, por exemplo, para participar de atividades de contação de histórias. Diversas bibliotecas e livrarias proporcionam esses eventos gratuitamente. A criança, durante a narração de histórias, pode perceber a troca que o ambiente proporciona e tirar proveito da oportunidade que tem: curtindo a proposta, viajando com a leitura, rindo das interpretações, procurando livros, achando-os, folheando-os, ou seja, vivenciando a experiência do contato com um produto cultural, pensado para ela.

Estimule a criança e o jovem a registrar suas experiências de leitura: guardar as impressões sobre autores, cenas, momentos da leitura, personagens marcantes é um importante movimento de apropriação como leitor. Por isso, junto deste livro, há um cartaz que auxiliará o jovem leitor nesses registros. Deixe-o em um lugar visível da casa, de modo que todos possam participar dos momentos de registro e acompanhar o desenvolvimento do leitor.

Sociedade, escola e família devem atuar, cada vez mais, no sentido de ampliar o acesso ao livro e fomentar as práticas de leitura. A vivência em ambientes literários contribui com a formação social não só da criança, mas também de jovens e adultos, por isso usufrua com ela desse "tesouro incalculável de Ali-Babá", que pertence a todos nós, leitores.

Impresso no Parque Gráfico da Editora FTD
Avenida Antonio Bardella, 300
Fone: (0-XX-11) 3545-8600 e Fax: (0-XX-11) 2412-5375
07220-020 GUARULHOS (SP)